Impressum
Verlag: BABADADA GmbH, Nedderfeld 112 , 22529 Hamburg
Geschäftsführer / Verlagsleitung: Harald Hof
Druck: Books on Demand GmbH, In de Tarpen 42, 22848 Norderstedt

Imprint
Publisher: BABADADA GmbH, Nedderfeld 112 , 22529 Hamburg, Germany
Managing Director / Publishing direction: Harald Hof
Print: Books on Demand GmbH, In de Tarpen 42, 22848 Norderstedt, Germany

la salle de classe
классная комната

diviser
делить

186/2

le tableau noir
доска

la cour de récréation
школьный двор

l'enseignant
учитель

le papier
бумага

écrire
писать

le stylo
ручка

le bureau
письменный стол

la règle
линейка

le livre
книга

l'élève
ученик

le sac d'école

ранец

la trousse

пенал

le crayon

карандаш

le taille-crayon

точилка

la gomme

ластик

le carnet à dessin

альбом для рисования

le dessin

рисунок

le pinceau

кисточка

la boîte de peinture

коробка красок

les ciseaux

ножницы

la colle

клей

le cahier d'exercices

тетрадь

les tâches

домашняя работа

12

le chiffre

цифра

2+2

additionner

прибавлять

5-2

soustraire

вычитать

2×2

multiplier

умножать

calculer

считать

A

la lettre

буква

ABCDEFG HIJKLMN OPQRSTU VWXYZ

l'alphabet

алфавит

hello

le mot

слово

le texte

текст

lire

читать

la craie

мел

la leçon

урок

le livre de classe

классный журнал

l'examen

экзамен

le certificat

диплом

l'uniforme scolaire

школьная форма

la formation

образование

le lexique

энциклопедия

l'université

университет

le microscope

микроскоп

la carte

карта

la corbeille à papier

корзина для бумаг

l'hôtel
гостиница

l'auberge
турбаза

le bureau de change
пункт обмена валюты

la valise
чемодан

la voiture
автомобиль

la langue

язык

oui / non

да / нет

d'accord

хорошо

Salut

Привет

l'interprète

переводчик

merci

Спасибо

Combien coûte...?

Сколько стоит...?

Je ne comprends pas

Я не понимаю

le problème

проблема

Bonsoir!

Добрый вечер!

Bonjour!

Доброе утро!

Bonne nuit!

Доброй ночи!

Au revoir

До свидания

la direction

направление

les bagages

багаж

le sac

сумка

le sac-à-dos

рюкзак

l'hôte

гость

la pièce

комната

le sac de couchage

спальный мешок

la tente

палатка

l'office de tourisme

туристическая
информация

la plage

пляж

la carte de crédit

кредитная карточка

le petit-déjeuner

завтрак

le déjeuner

обед

le dîner

ужин

le billet

билет

l'ascenseur

лифт

le timbre

почтовая марка

la frontière

граница

la douane

таможня

l'ambassade

посольство

le visa

виза

le passeport

паспорт

l'avion — самолёт

le navire — корабль

le véhicule de pompiers — пожарный автомобиль

le camion — грузовик

le bus — автобус

le bateau à moteur — моторная лодка

la voiture — автомобиль

la bicyclette — велосипед

le ferry

паром

la barque

лодка

la moto

мотоцикл

la voiture de police

полицейский автомобиль

la voiture de course

гоночный автомобиль

la voiture de location

арендованный автомобиль

l'autopartage

вместное пользование
автомобилями

la dépanneuse

буксировочный
автомобиль

la benne à ordures

мусоровоз

le moteur

двигатель

l'essence

топливо

la station d'essence

заправка

le panneau indicateur

дорожный знак

le trafic

движение

l'embouteillage

пробка

le parking

автостоянка

la gare

вокзал

les rails

рельсы

le train

поезд

le tram

трамвай

le wagon

вагон

l'hélicoptère

вертолёт

l'aéroport

аэропорт

la tour

вышка

le passager

пассажир

le container

контейнер

le carton

коробка

le chariot

тележка

la corbeille

корзина

décoller / atterrir

взлетать / приземляться

la ville

город

le village

деревня

le centre-ville

центр города

la maison

дом

le cinéma
кинотеатр

la publicité
реклама

le réverbère
уличный фонарь

la rue
улица

le taxi
такси

le kiosque
киоск

le piéton
пешеход

le trottoir
тротуар

le passage piéton
пешеходный переход

la poubelle
мусорное ведро

le carrefour
перекрёсток

les feux de circulation
светофор

la cabane
хижина

l'appartement
квартира

la gare
вокзал

la mairie
ратуша

le musée
музей

l'école
школа

la ville - город

l'université

университет

la banque

банк

l'hôpital

больница

l'hôtel

гостиница

la pharmacie

аптека

le bureau

офис

la librairie

книжный магазин

le magasin

магазин

le fleuriste

цветочный магазин

le supermarché

супермаркет

le marché

рынок

le grand magasin

универмаг

la poissonnerie

торговец рыбой

le centre commercial

торговый центр

le port

порт

le parc

парк

la banque

скамейка

le pont

мост

les escaliers

лестница

le métro

метро

le tunnel

тоннель

l'arrêt de bus

автобусная остановка

le bar

бар

le restaurant

ресторан

la boîte à lettres

почтовый ящик

le panneau indicateur

табличка с названием улицы

le parcomètre

паркометр

le zoo

зоопарк

le réverbère

бассейн

la mosquée

мечеть

la ferme

ферма

la pollution

загрязнение окружающей среды

le cimetière

кладбище

l'église

церковь

l'aire de jeux

детская площадка

le temple

храм

le paysage
ландшафт

la feuille
лист

le panneau indicateur
дорожный указатель

le chemin
дорога

le pré
луг

la pierre
камень

l'arbre
дерево

le randonneur
путешественник

la rivière
река

l'herbe
трава

la fleur
цветок

la vallée

долина

la montagne

гора

le lac

озеро

la forêt

лес

le désert

пустыня

le volcan

вулкан

le château

замок

l'arc-en-ciel

радуга

le champignon

гриб

le palmier

пальма

le moustique

комар

la mouche

муха

les fourmis

муравей

l'abeille

пчела

l'araignée

паук

le scarabée

жук

la grenouille

лягушка

l'écureuil

белка

le hérisson

еж

le lapin

заяц

la chouette

сова

l'oiseau

птица

le cygne

лебедь

le sanglier

кабан

le cerf

олень

l'élan

лось

le barrage

плотина

l'éolienne

ветряной генератор

le panneau solaire

солнечная батарея

le climat

климат

le serveur
официант

le menu
меню

la chaise
стул

la soupe
суп

la pizza
пицца

les services
столовые приборы

la nappe
скатерть

les hors d'œuvre

закуска

le plat principal

главное блюдо

le dessert

десерт

les boissons

напитки

l'alimentation

еда

la bouteille

бутылка

le fast-food

фастфуд

les plats à emporter

уличная еда

la théière

чайник

le sucrier

сахарница

la portion

порция

la machine à expresso

кофеварка

la chaise haute

детский стульчик

la facture

счет

le plateau

поднос

le couteau

нож

la fourchette

вилка

la cuillère

ложка

la cuillère à thé

чайная ложка

la serviette

салфетка

le verre

стакан

l'assiette

тарелка

l'assiette à soupe

суповая тарелка

la soucoupe

блюдце

la sauce

соус

la salière

солонка

le moulin à poivre

мельница для перца

le vinaigre

уксус

l'huile

масло

les épices

специи

le ketchup

кетчуп

la moutarde

горчица

la mayonnaise

майонез

l'offre promotionnelle
специальное предложение

le client
покупатель

les produits laitiers
молочные продукты

le caddie
тележка для покупок

les fruits
фрукты

FOR

la boucherie
мясной магазин

la boulangerie
пекарня

peser
взвешивать

les légumes
овощи

la viande
мясо

les aliments surgelés
быстрозамороженные
продукты

la charcuterie

нарезка

les conserves

консервы

la poudre à lessive

стиральный порошок

les bonbons

сладости

les articles ménagers

предмет домашнего
обихода

les détergents

моющее средство

la vendeuse

продавщица

la caisse

касса

le caissier

кассир

la liste d'achats

список покупок

les heures d'ouverture

время работы

le portefeuille

бумажник

la carte de crédit

кредитная карточка

le sac

сумка

le sac en plastique

полиэтиленовый пакет

напитки

l'eau

вода

le jus de fruit

сок

le lait

молоко

le coca

кока-кола

le vin

вино

la bière

пиво

l'alcool

алкоголь

le chocolat chaud

какао

le thé

чай

le café

кофе

l'expresso

эспрессо

le cappuccino

капучино

la banane

банан

la pomme

яблоко

l'orange

апельсин

le melon

арбуз

le citron

лимон

la carotte

морковь

l'ail

чеснок

le bambou

бамбук

l'oignon

лук

le champignon

гриб

les noisettes

орехи

les pâtes

лапша

les spaghettis

спагетти

le riz

рис

la salade

салат

les frites

картофель фри

les pommes de terre rôties

жареный картофель

la pizza

пицца

le hamburger

гамбургер

le sandwich

сэндвич

l'escalope

шницель

le jambon

ветчина

le salami

салями

la saucisse

колбаса

le poulet

курица

le rôti

жаркое

le poisson

рыба

les flocons d'avoine

овсяные хлопья

le muesli

мюсли

les cornflakes

кукурузные хлопья

la farine

мука

le croissant

круассан

les petits-pains

булочка

le pain

хлеб

le pain grillé

тост

les biscuits

печенье

le beurre

масло

le fromage blanc

творог

le gâteau

пирог

l'œuf

яйцо

l'œuf au plat

яичница

le fromage

сыр

la glace

мороженое

le sucre

сахар

le miel

мёд

la confiture

мармелад

la crème nougat

крем с нугой

le curry

карри

la ferme
крестьянский дом

la grange
сарай

la botte de paille
тюк из соломы

le champ
поле

le cheval
лошадь

la remorque
прицеп

le poulain
жеребёнок

le tracteur
трактор

l'âne
осёл

l'agneau
ягнёнок

le mouton
овца

la chèvre

коза

la vache

корова

le veau

телёнок

le porc

свинья

le porcelet

поросёнок

le taureau

бык

l'oie

гусь

le canard

утка

le poussin

цыплёнок

la poule

курица

le coq

петух

le rat

крыса

le chat

кошка

la souris

мышь

le bœuf

вол

le chien

собака

le chenil

конура

le tuyau de jardin

садовый шланг

l'arrosoir

лейка

la faucheuse

коса

la charrue

плуг

la faucille

серп

la pioche

мотыга

la fourche

навозные вилы

la hache

топор

la brouette

тачка

la cuve

корыто

le pot à lait

бидон для молока

le sac

мешок

la clôture

забор

l'étable

хлев

la serre

теплица

le sol

почва

les semences

посев

l'engrais

удобрение

la moissonneuse-batteuse

комбайн

récolter

собирать урожай

la récolte

урожай

l'igname

ямс

le blé

пшеница

le soja

соя

la pomme de terre

картофель

le maïs

кукуруза

le colza

рапс

l'arbre fruitier

фруктовое дерево

le manioc

маниок

les céréales

злаки

la cheminée
дымоход

le toit
крыша

la gouttière
водосточный желоб

la fenêtre
окно

le garage
гараж

la sonnette
звонок

la porte
дверь

la poubelle
мусорное ведро

la boîte aux lettres
почтовый ящик

le jardin
сад

le salon

гостиная

la chambre de bain

ванная комната

la cuisine

кухня

la chambre à coucher

спальня

la chambre d'enfant

детская комната

la salle à manger

столовая

le sol

пол

le mur

стена

le plafond

потолок

la cave

подвал

le sauna

сауна

le balcon

балкон

la terrasse

терраса

la piscine

бассейн

la tondeuse à gazon

газонокосилка

la fourre de duvet

пододеяльник

la couette

покрывало

le lit

кровать

le balai

метла

le sceau

ведро

l'interrupteur

выключатель

le papier peint
обои

l'image
рисунок

la lampe
лампа

l'étagère
полка

l'armoire
шкаф

la cheminée
камин

la télé
телевизор

la fleur
цветок

le coussin
подушка

le canapé
диван

le vase
ваза

la télécommande
пульт дистанционного управления

le tapis

ковёр

le rideau

штора

la table

стол

la chaise

стул

la chaise à bascule

кресло-качалка

le fauteuil

кресло

le livre

книга

la couverture

покрывало

la décoration

украшение

le bois de chauffage

дрова

le film

фильм

la chaîne hi-fi

стереосистема

la clé

ключ

le journal

газета

la peinture

картина

le poster

плакат

la radio

радио

le bloc-notes

блокнот

l'aspirateur

пылесос

le cactus

кактус

la bougie

свеча

le four à micro-ondes
микроволновая печь

le frigo
холодильник

la balance de cuisine
кухонные весы

le toasteur
тостер

le détergent
моющее средство

le four
духовка

le compartiment congélateur
морозилка

la poubelle
мусорное ведро

le lave-vaisselle
посудомоечная машина

le four

плита

la casserole

кастрюля

la marmite

чугунный котелок

le wok/kadai

вок / кадай

la poêle

сковорода

la bouilloire électrique

чайник

le cuiseur vapeur

пароварка

la plaque de cuisson

противень

la vaisselle

посуда

le gobelet

кружка

le bol

миска

les baguettes

палочки для еды

la louche

половник

la spatule

лопатка

le fouet

сбивалка

la passoire

сито

le tamis

сито

la râpe

тёрка

le mortier

ступка

le barbecue

гриль

la cheminée

костёр

la planche à découper

доска

le rouleau à pâtisserie

скалка

le tire-bouchon

штопор

la boîte

жестяная банка

l'ouvre-boîte

консервный нож

les maniques

прихватка

le lavabo

раковина

la brosse

щетка

l'éponge

губка

le mixeur

миксер

le congélateur

морозильная камера

le biberon

бутылочка для кормления

le robinet

кран

la cuisine - кухня

la chambre de bain
ванная комната

le chauffage
отопление

la douche
душ

la serviette
полотенце

le rideau de douche
душевая занавеска

le bain moussant
пенистая ванна

la baignoire
ванна

le verre
стакан

la machine à laver
стиральная машина

le robinet
кран

le carrelage
плитка

le pot
горшок

le lavabo
раковина

les toilettes

туалет

la toilette à la turque

напольный унитаз

le bidet

биде

l'urinoir

писсуар

le papier toilette

туалетная бумага

la brosse à toilette

ершик

la brosse à dents

зубная щетка

le dentifrice

зубная паста

le fil dentaire

зубная нить

laver

мыть

la douche manuelle

ручной душ

la douche intime

интимный душ

la vasque

таз

la brosse dorsale

щетка для спины

le savon

мыло

le gel douche

гель для душа

le shampooing

шампунь

le gant de toilette

мочалка

l'écoulement

сток

la crème

крем

le déodorant

дезодорант

le miroir

зеркало

le miroir cosmétique

ручное зеркало

le rasoir

бритва

la mousse à raser

пена для бритья

l'après-rasage

лосьон после бритья

la peigne

расческа

la brosse

щетка

le sèche-cheveux

фен

la laque pour cheveux

лак для волос

le fond de teint

косметика

le rouge à lèvres

губная помада

le vernis à ongles

лак для ногтей

l'ouate

вата

le coupe-ongles

маникюрные ножницы

le parfum

духи

la chambre de bain - ванная комната

la trousse de toilette

косметичка

le tabouret

табуретка

la balance

весы

le peignoir

халат

les gants de nettoyage

резиновые перчатки

le tampon

тампон

es serviettes hygiéniques

игиеническая прокладка

la toilette chimique

биотуалет

la chambre d'enfant
детская комната

le réveil
будильник

le doudou
мягкая игрушка

la voiture jouet
игрушечный автомобиль

le hochet
погремушка

la maison de poupée
кукольный домик

le cadeau
подарок

le ballon

воздушный шар

le lit

кровать

la poussette

детская коляска

le jeu de cartes

карточная игра

le puzzle

пазл

la bande dessinée

комикс

les pièces lego

кирпичики Лего

les blocs de construction

кубики

la figurine

игрушечная фигурка

la grenouillère

ползунки

le frisbee

фрисби

le mobile

мобиле

le jeu de société

настольная игра

le dé

кубик

le train miniature

модель железной дороги

la sucette

соска

la fête

вечеринка

le livre d'images

книга с картинками

la balle

мяч

la poupée

кукла

jouer

играть

le bac à sable

песочница

la balançoire

качели

les jouets

игрушка

la console de jeu

игровая приставка

le tricycle

трёхколесный велосипед

l'ours en peluche

плюшевый медвежонок

l'armoire

шкаф для одежды

les vêtements

одежда

les chaussettes

носки

les bas

чулки

le collant

колготки

l'écharpe
шарф

le parapluie
зонтик

le t-shirt
футболка

la ceinture
ремень

les bottes
сапоги

les pantoufles
тапки

les baskets
кроссовки

les sandales
....
сандалии

les chaussures
....
ботинки

les bottes de caoutchouc
....
резиновые сапоги

le linge de corps
....
трусы

le soutien-gorge
....
бюстгальтер

le maillot de corps
....
майка

les vêtements - одежда

le body

боди

le pantalon

брюки

le jean

джинсы

la jupe

юбка

le chemisier

блузка

la chemise

рубашка

le pull

свитер

le pull-over à capuche

свитер

la veste

спортивная куртка

la veste

жакет

le manteau

пальто

l'imperméable

плащ

le costume

костюм

la robe

платье

la robe de mariée

свадебное платье

le costume

мужской костюм

la chemise de nuit

ночная сорочка

le pyjama

пижама

le sari

сари

le foulard

платок

le turban

тюрбан

la burqa

паранджа

le caftan

кафтан

l'abaya

абайя

le maillot de bain

купальник

le costume de bain

плавки

les cuissettes

шорты

la tenue d'entraînement

спортивный костюм

le tablier

фартук

les gants

перчатки

les vêtements - одежда

le bouton

пуговица

les lunettes

очки

le bracelet

браслет

le collier

цепочка

la bague

кольцо

la boucle d'oreille

серьга

le bonnet

шапка

le cintre

вешалка

le chapeau

шляпа

la cravate

галстук

la fermeture éclair

застежка молния

le casque

шлем

les bretelles

подтяжки

l'uniforme scolaire

школьная форма

l'uniforme

форма

le bavoir

детский нагрудник

la sucette

соска

la couche

подгузник

le bureau
офис

l'armoire d'archivage
канцелярский шкаф

le serveur
сервер

le papier
бумага

l'imprimante
принтер

l'écran
монитор

le bureau
письменный стол

la souris
мышь

le classeur
папка

le clavier
клавиатура

la corbeille à papier
корзина для бумаг

l'ordinateur
компьютер

la chaise
стул

la tasse à café

кофейная кружка

la calculatrice

калькулятор

l'internet

интернет

l'ordinateur portable

ноутбук

la lettre

письмо

le message

сообщение

le portable

мобильный телефон

le réseau

сеть

la photocopieuse

ксерокс

le logiciel

программа

le téléphone

телефон

la prise

розетка

le fax

факс

le formulaire

формуляр

le document

документ

acheter

покупать

payer

платить

marchander

торговать

la monnaie

деньги

le dollar

доллар

l'euro

евро

le yen

иена

le rouble

рубль

le franc suisse

франк

le renminbi yuan

жэньминьби юань

la roupie

рупия

le distributeur automatique

банкомат

le bureau de change

пункт обмена валюты

l'or

золото

l'argent

серебро

le pétrole

нефть

l'énergie

энергия

le prix

цена

le contrat

договор

la taxe

налог

l'action

акция

travailler

работать

l'employé

служащий

l'employeur

работодатель

l'usine

фабрика

le magasin

магазин

l'agent de police
милиционер

le pompier
пожарный

le cuisinier
повар

le médecin
врач

le pilote
пилот

le jardinier
садовник

le menuisier
столяр

la couturière
швея

le juge
судья

le chimiste
химик

l'acteur
актёр

le conducteur de bus

водитель автобуса

le chauffeur de taxi

таксист

le pêcheur

рыбак

la femme de ménage

уборщица

le couvreur

кровельщик

le serveur

официант

le chasseur

охотник

le peintre

художник

le boulanger

пекарь

l'électricien

электрик

l'ouvrier

строитель

l'ingénieur

инженер

le boucher

мясник

le plombier

сантехник

le facteur

почтальон

le soldat
солдат

l'architecte
архитектор

le caissier
кассир

le fleuriste
флорист

le coiffeur
парикмахер

le contrôleur
кондуктор

le mécanicien
механик

le capitaine
капитан

le dentiste
зубной врач

le scientifique
ученый

le rabbin
раввин

l'imam
имам

le moine
монах

le prêtre
священник

le marteau
молоток

les pinces
плоскогубцы

le tournevis
отвёртка

la clé
гаечный ключ

la torche
карманный фо

la pelleteuse

экскаватор

la boîte à outils

ящик для инструментов

l'échelle

стремянка

la scie

пила

les clous

гвозди

la perceuse

дрель

réparer

ремонтировать

la pelle

лопата

Mince!

Блин!

la pelle

совок

le pot de peinture

ведро с краской

les vis

винты

les instruments de musique
музыкальные инструменты

le haut-parleur
громкоговоритель

la batterie
ударный инструмент

la guitare
гитара

la contrebasse
контрабас

la trompette
труба

le piano

пианино

le violon

скрипка

la basse

бас-гитара

les timbales

литавры

le tambour

барабан

le piano électrique

синтезатор

le saxophone

саксофон

la flûte

флейта

le microphone

микрофон

l'entrée
вход

le tigre
тигр

la cage
клетка

le zèbre
зебра

l'alimentation animale
корм

le panda
панда

les animaux

животные

l'éléphant

слон

le kangourou

кенгуру

le rhinocéros

носорог

le gorille

горилла

l'ours

медведь

le chameau

верблюд

l'autruche

страус

le lion

лев

le singe

обезьяна

le flamand rose

фламинго

le perroquet

попугай

l'ours polaire

белый медведь

le pingouin

пингвин

le requin

акула

le paon

павлин

le serpent

змея

le crocodile

крокодил

le gardien de zoo

служитель зоопарка

le phoque

тюлень

le jaguar

ягуар

le zoo - зоопарк

le poney

пони

le léopard

леопард

l'hippopotame

бегемот

la girafe

жираф

l'aigle

орёл

le sanglier

кабан

le poisson

рыба

la tortue

черепаха

le morse

морж

le renard

лиса

la gazelle

газель

le zoo - зоопарк

l'american Football
американский футбол

le cyclisme
езда на велосипеде

le tennis
теннис

le basket-ball
баскетбол

la natation
плавание

la boxe
бокс

le hockey sur glace
хоккей

le football
футбол

le badminton
бадминтон

l'athlétisme
лёгкая атлетика

le handball
гандбол

le ski
лыжный спорт

le polo
поло

sauter
прыгать

embrasser
обнимать

rire
смеяться

marcher
идти

chanter
петь

rêver
мечтать

prier
молиться

faire la bise
целовать

écrire
писать

dessiner
рисовать

montrer
показывать

pousser
нажимать

donner
давать

prendre
брать

avoir

иметь

faire

делать

être

быть

être debout

стоять

courir

бежать

trier

тянуть

jeter

бросать

tomber

падать

être couché

лежать

attendre

ждать

porter

носить

être assis

сидеть

s'habiller

надевать

dormir

спать

se réveiller

просыпаться

regarder

рассматривать

pleurer

плакать

caresser

гладить

peigner

причесывать

parler

говорить

comprendre

понимать

demander

спрашивать

écouter

слушать

boire

пить

manger

кушать

ranger

наводить порядок

aimer

любить

cuire

готовить

conduire

ехать

voler

летать

les activités - действия

faire de la voile

ходить под парусом

calculer

считать

lire

читать

apprendre

учиться

travailler

работать

se marier

вступать в брак

coudre

шить

se brosser les dents

чистить зубы

tuer

убивать

fumer

курить

envoyer

отправлять

grand-mère
бушка

le grand-père
дедушка

le père
папа

la mère
мама

le bébé
младенец

la fille
дочь

le fils
сын

l'hôte

гость

la tante

тетя

l'oncle

дядя

le frère

брат

la sœur

сестра

le front
лоб

l'œil
глаз

l'épaule
плечо

le doigt
палец

le visage
лицо

le menton
подбородок

la main
кисть

la poitrine
грудь

la jambe
нога

le bras
рука

le bébé
младенец

l'homme
мужчина

la femme
женщина

la fille
девочка

le garçon
мальчик

la tête
голова

le dos

спина

le ventre

живот

le nombril

пупок

l'orteil

палец ноги

le talon

пятка

l'os

кость

la hanche

бедро

le genou

колено

le coude

локоть

le nez

нос

les fesses

ягодицы

la peau

кожа

la joue

щека

l'oreille

ухо

la lèvre

губа

la bouche
рот

la dent
зуб

la langue
язык

le cerveau
мозг

le cœur
сердце

le muscle
мышца

les poumons
лёгкое

le foie
печень

l'estomac
желудок

les reins
почки

le rapport sexuel
половой акт

le préservatif
презерватив

l'ovule
яйцеклетка

le sperme
сперма

la grossesse
беременность

la menstruation

менструация

le vagin

вагина

le pénis

пенис

le sourcil

бровь

les cheveux

волосы

le cou

шея

l'hôpital
больница

l'ambulance
машина скорой помощи

le fauteuil roulant
кресло-каталка

la fracture
перелом

le médecin

врач

le service des urgences

пункт первой помощи

l'infirmière

медсестра

l'urgence

неотложный случай

inconscient

без сознания

la douleur

боль

la blessure

повреждение

l'hémorragie

кровотечение

la crise cardiaque

инфаркт

l'attaque cérébrale

инсульт

l'allergie

аллергия

la toux

кашель

la fièvre

вышенная температура

la grippe

грипп

la diarrhée

понос

le mal de tête

головная боль

le cancer

рак

le diabète

диабет

le chirurgien

хирург

le scalpel

скальпель

l'opération

операция

le CT

КТ

la radiographie

рентген

l'échographie

ультразвук

le masque

маска

la maladie

болезнь

la salle d'attente

приёмная

la béquille

костыль

le pansement

пластырь

le pansement

бинт

l'injection

укол

le stéthoscope

стетоскоп

le brancard

носилки

le thermomètre

термометр

l'accouchement

рождение

le surpoids

избыточный вес

l'appareil auditif

слуховой аппарат

le désinfectant

дезинфекционное
средство

l'infection

инфекция

le virus

вирус

le VIH / le sida

ВИЧ / СПИД

le médicament

лекарство

la vaccination

прививка

les tablettes

таблетки

la pilule

противозачаточная
таблетка

l'appel d'urgence

экстренный вызов

le tensiomètre

прибор для измерения
кровяного давления

malade / sain

больной / здоровый

Au secours!

Помогите!

l'alarme

сигнал тревоги

l'agression

нападение

l'attaque

атака

le danger

опасность

la sortie de secours

запасной выход

Au feu!

Пожар!

l'extincteur

огнетушитель

l'accident

несчастный случай

la trousse de premier secours

аптечка

SOS

SOS

la police

милиция

l'Europe

Европа

l'Amérique du Nord

Северная Америка

l'Amérique du Sud

Южная Америка

l'Afrique

Африка

l'Asie

Азия

l'Australie

Австралия

l'Océan atlantique

Атлантический океан

l'Océan pacifique

Тихий океан

l'Océan indien

Индийский океан

l'Océan antarctique

Антарктический океан

l'Océan arctique

Северный Ледовитый
океан

le Pôle nord

Северный полюс

le Pôle sud

Южный полюс

l'Antarctique

Антарктика

la terre

земля

le pays

суша

la mer

море

l'île

остров

la nation

нация

l'état

государство

le cadran

циферблат

l'aiguille des heures

часовая стрелка

l'aiguille des minutes

минутная стрелка

l'aiguille des secondes

секундная стрелка

Quelle heure est-il?

Который час?

le jour

день

le temps

время

maintenant

сейчас

la montre digitale

электронные часы

la minute

минута

l'heure

час

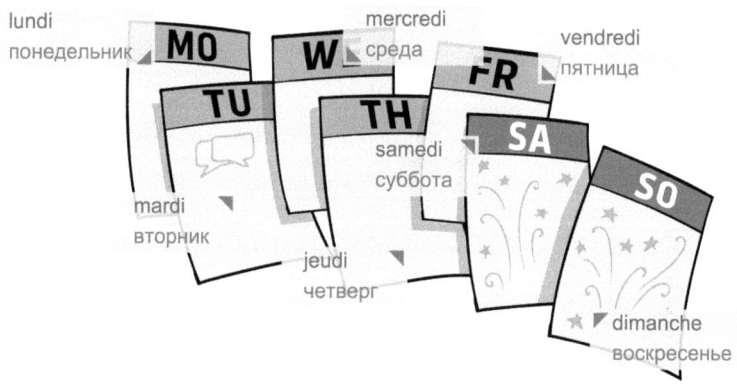

lundi
понедельник

mercredi
среда

vendredi
пятница

mardi
вторник

jeudi
четверг

samedi
суббота

dimanche
воскресенье

hier

вчера

aujourd'hui

сегодня

demain

завтра

le matin

утро

le midi

полдень

le soir

вечер

MO	TU	WE	TH	FR	SA	SU
1	2	3	4	5	6	7
8	9	10	11	12	13	14
15	16	17	18	19	20	21
22	23	24	25	26	27	28
29	30	31	1	2	3	4

les jours ouvrables

рабочие дни

MO	TU	WE	TH	FR	SA	SU
1	2	3	4	5	6	7
8	9	10	11	12	13	14
15	16	17	18	19	20	21
22	23	24	25	26	27	28
29	30	31	1	2	3	4

le week-end

выходные

la pluie
дождь

l'arc-en-ciel
радуга

la neige
снег

le vent
ветер

le printemps
весна

l'automne
осень

l'été
лето

l'hiver
зима

la météo

прогноз погоды

le thermomètre

термометр

la lumière du soleil

солнечный свет

le nuage

туча

le brouillard

туман

l'humidité

влажность воздуха

la foudre

молния

le tonnerre

гром

la tempête

буря

la grêle

град

la mousson

муссон

l'inondation

наводнение

la glace

лёд

janvier

январь

février

февраль

mars

март

avril

апрель

mai

май

juin

июнь

juillet

июль

août

август

l'année - год

septembre
сентябрь

octobre
октябрь

novembre
ноябрь

décembre
декабрь

le cercle
круг

le carré
квадрат

le rectangle
прямоугольник

le triangle
треугольник

la sphère
шар

le cube
куб

les couleurs

цвета

blanc

белый

jaune

желтый

orange

оранжевый

rose

розовый

rouge

красный

violet

лиловый

bleu

синий

vert

зелёный

marron

коричневый

gris

серый

noir

черный

beaucoup / peu

fâché / calme

joli / laid

много / мало

яростный / мирный

красивый / уродливый

le début / la fin

grand / petit

clair / obscure

начало / конец

большой / маленький

светлый / темный

le frère / la sœur

propre / sale

complet / incomplet

брат / сестра

чистый / грязный

полный / неполный

le jour / la nuit

mort / vivant

large / étroit

день / ночь

мёртвый / живой

широкий / узкий

comestible / incomestible

съедобный / несъедобный

méchant / gentil

злой / дружелюбный

excité / ennuyé

взволнованный /
скучающий

gros / mince

толстый / худой

le premier / le dernier

сначала / в конце

l'ami / l'ennemi

друг / враг

plein / vide

полный / пустой

dur / souple

твёрдый / мягкий

lourd / léger

тяжёлый / легкий

faim / soif

голод / жажда

malade / sain

больной / здоровый

illégal / légal

незаконный / законный

intelligent / stupide

умный / глупый

gauche / droite

слева / справа

proche / loin

близко / далеко

nouveau / usé

новый / подержанный

rien / quelque chose

ничто / нечто

vieux / jeune

старый / молодой

marche / arrêt

включено / выключено

ouvert / fermé

открыто / закрыто

faible / fort

тихо / громко

riche / pauvre

богатый / бедный

correct / incorrect

правильный /
неправильный

rugueux / lisse

шероховатый / гладкий

triste / heureux

печальный / счастливый

court / long

короткий / длинный

lent / rapide

медленный / быстрый

mouillé / sec

мокрый / сухой

chaud / froid

тёплый / прохладный

la guerre / la paix

война / мир

les oppositions - противоположности

les nombres
цифры

0

zéro
ноль

1

un
один

2

deux
два

3

trois
три

4

quatre
четыре

5

cinq
пять

6

six
шесть

7

sept
семь

8

huit
восемь

9

neuf
девять

10

dix
десять

11

onze
одиннадцать

12

douze

двенадцать

13

treize

тринадцать

14

quatorze

четырнадцать

15

quinze

пятнадцать

16

seize

шестнадцать

17

dix-sept

семнадцать

18

dix-huit

восемнадцать

19

dix-neuf

девятнадцать

20

vingt

двадцать

100

cent

сто

1.000

mille

тысяча

1.000.000

le million

миллион

les langues

языки

l'anglais

английский

l'anglais américain

американский английский

le chinois mandarin

мандаринский китайский

le hindi

хинди

l'espagnol

испанский

le français

французский

l'arabe

арабский

le russe

русский

le portugais

португальский

le bengali

бенгальский

l'allemand

немецкий

le japonais

японский

je
....
я

tu
....
ты

il / elle
....
он / она / оно

nous
....
мы

vous
....
вы

ils / elles
....
они

qui?
....
кто?

quoi?
....
что?

comment?
....
как?

où?
....
где?

quand?
....
когда?

le nom
....
имя

derrière

за

dans

в

devant

перед

au-dessus

над

sur

на

en-dessous

под

à côté de

рядом

entre

между

le lieu

место